Ce que nous enseigne l'Amour...

Sandrine Bonas

Textes et couverture

Sandrine Bonas

Renaissance

Respire la vie
Respire le bonheur
Respire la joie
D'être là
Ouvre-toi à la vie
Autorise-toi à dire oui
Ouvre ton cœur à l'amour
Celui de t'aimer,
Et d'être aimé en retour
Inspire la vie
Inspire la chaleur
La douceur d'être ici
Et non ailleurs
Respire une fois
Rien qu'avec ton cœur
Respire cent fois
L'odeur du bonheur
Apprend à lâcher
Apprend à aimer
Ce qui est là
Sans regretter
Un seul instant
D'avoir choisi
Cette vie !

La chasse aux trésors

Tapis au fond de moi
Bien dissimulée
J'ai vu de la lumière
Et m'y suis dirigé
J'y ai découvert un trésor
Un trésor de vérité
Je me suis trouvé
Avec mes belles qualités
Et mes petits défauts
J'ai creusé et creusé
Jusqu'au fond
J'ai remonté à la surface
Tout ce qu'il y a de beau
Mes richesses intérieures
N'attendaient que moi
Aujourd'hui je cherche encore
Car ce que j'y ai trouvé
C'est de l'or !

Au détour d'un chemin

Le jour se lève,
Un soleil radieux
Laisse passer ces doux rayons
A travers les volets fermés
Le cœur heureux
Et toi à mes côtés
Que puis-je espérer de mieux ?

Un mouvement de ta part
Les yeux à moitié fermés
Tu cherches mon visage
Mon odeur pour te réchauffer
Tu franchis la limite
Et me déshabille du regard
Tes lèvres ont parlé

Juste envie de profiter
De cet instant magique
De cette valse à deux temps
Qui se danse en musique
Un, deux ou trois
Le tempo est donné
Reste à savoir pourquoi
On ne peut pas s'arrêter

C'est au détour d'un chemin
Que nous nous sommes rencontrés
Nos regards se sont croisés
Et l'étincelle s'est allumée
Mon cœur a vibré
Pour un inconnu
Qui passait...

Vivre dans le cœur

Au sein de mon cœur
Se trouve un feu d'artifice
Rempli de joies profondes
Et d'un amour sans sacrifice

Inondé d'une lumière bienfaisante
Je respire la joie de vivre
Un trésor de beauté et de vérité
S'ouvre à l'intérieur de moi

Une douce chaleur m'envahit
J'ai envie de pleurer
J'ai retrouvé ma source
Mon chemin de paix

L'énergie multipliée
Me fait sentir en sécurité
Toutes ces couleurs,
Du rouge orangé
Au ciel étoilé
Du vert émeraude
A la terre féconde,
M'offrent une farandole de bonheur

Un bien être profond
Je n'ai qu'à l'inspirer
Et le laisser s'installer en moi
Pour ne plus me quitter
La mélodie doucement
Se fait entendre de plus en plus fort
Elle me berce et m'emporte
J'ai envie de chanter

Un son, une musique
C'est le chant de mon cœur
Il fait vibrer mon corps tout entier
Et me laisse sur une vague de bonheur
Ça y est,
Je suis entrée dans mon espace sacré !

Besoin de toi

Besoin de toi
Besoin de ton corps
Besoin d'être dans tes bras
Ressentir la chaleur de tes draps
Le contact de ta peau sur la mienne
Ton regard qui se pose avec délicatesse
Et tes yeux qui inspirent la joie d'être

Besoin de respirer à tes côtés
Besoin d'embrasser ton univers
Besoin de prendre une bouffée d'air
Dans la demeure de tout ton être
Frémir sous tes doigts de velours
Sur mon corps, tu traces le chemin
Qui mène vers le divin

Besoin ou désir
But à assouvir
Envie à combler
Etre à tes côtés

Besoin de te sentir
Besoin de me blottir
Tout contre toi
Besoin de garder une trace indélébile
De nos ébats amoureux
Souvenirs gravés dans ma chair
Dans le tiroir de nos instants à deux

Besoin de goûter à l'extase suprême
Besoin d'écouter les battements de ton cœur
Qui augmentent tel un compte à rebours
Indiquant la venue de l'intense bonheur
L'ivresse sans nom,
Le doux moment qui unit nos deux âmes
A jamais et pour toujours

Besoin ou désir
But à assouvir
Envie à combler
Etre à tes côtés

Partager ta vie
Respirer le parfum du bonheur
Atteindre le paradis
Dire oui en ton honneur !

L'aventure humaine

A trop vouloir
L'idéal
Je passe à côté
De toi
J'erre dans les rues
Du non amour
Je passe mon temps
A courir après le temps
Je fais des allers retours
Un pas en avant
Deux pas en arrière
Tout est à refaire
Mon esprit vagabonde
Mon imaginaire se délecte
Mais la réalité est tout autre
Je dois revenir sur terre
Je suis seul
Dans mon coin
Je lutte pour que demain
Soit un jour nouveau
Je me dis que le moment viendra
Où toi et moi
On se rencontrera
A trop rechercher
J'en oublie de profiter
De cet instant précieux
Qui se vit au présent
Laisser faire, laisser aller
Je dois persévérer
Oser l'aventure humaine
Dire oui et je t'aime

D'âme à âme

Quand nos regards vont se croiser
Quand nos cœurs vont vibrer
Il y aura une première étincelle de vérité

Quand tes bras vont m'enlacer
Quand nos deux corps vont fusionner
Il y aura une énergie puissante
Prête à exploser

Quand ta bouche va s'approcher
De la mienne pour m'embrasser
Quand tes doigts vont effleurer
D'un geste tendre mes cheveux
Il y aura un échange fabuleux

Quand cette rencontre va arriver
Quand nos deux êtres vont s'aligner
La magie va opérer

Quand deux âmes s'interpellent
Quand deux êtres se cherchent
Nul ne peut les séparer
Leur destin est lié
Leurs âmes se sont parlées

Tentation

Merci pour ce moment
Passé avec toi
Merci pour ces escapades
Dans le temps
Je passe du passé au présent
Avec le sourire
Je passe dans ma mémoire
Tous ces bons souvenirs

Que demander de plus
Un seul instant d'amour
Partager avec toi
L'adjectif toujours
Le secret du bonheur
Aimer, un aller-retour

Merci pour cette joie
Qui me prend en dedans
Merci pour tout l'émoi
Que je ressens si présent
Et quand passe un nuage
Je garde la tête froide
En pensant qu'être sage
N'est plus de bon présage
Merci d'être là
De laisser la porte ouverte
Pour nos tendres retrouvailles
Merci de ne pas partir
Pour de nouvelles contrées
Bien plus vertes et colorées
Et cependant dangereuses
Pour qui se laisse attraper...

Je m'ennuie de toi

Je m'ennuie de toi
De tes bras, de ta peau
Sur la mienne
Je m'ennuie de toi
De tes phrases
De la manie que tu as
D'embrasser mes oreilles
Je m'ennuie de toi
De ta bouche
Qui se colle sur la mienne
Je m'ennuie de toi
Ta présence à mes côtés
Promet monts et merveilles
Je m'ennuie quand tu n'es pas là
Ton absence est de trop longue haleine
Ta présence en vaut vraiment la peine
Je m'ennuie de toi
Ta douceur, ta chaleur
Me fait sentir humaine
Je m'enivre de ton parfum
De ton odeur qui règne
Dans la pièce quand tu pars
Je m'enivre de toi quand tu es là
Je m'ennuie de toi
Reviens vite
Ne perds pas ton temps
A essayer de m'oublier...

Prémices

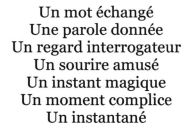

Un mot échangé
Une parole donnée
Un regard interrogateur
Un sourire amusé
Un instant magique
Un moment complice
Un instantané

Un heureux hasard
Un coup du sort
Une surprise arrangée
Un premier contact
L'alchimie se fait
Deux corps étrangers
Entrent en contact... rapproché

Quelque chose se passe
Sans pouvoir le nommer
Tout en finesse
Tout en subtilité
Et la rencontre ne cesse
De prendre vie et volupté
Pour un plaisir partagé

Entre cet homme et cette femme
Le jeu de piste commence
L'appel des sens décuplés
L'imaginaire se déploie
A coup de mots accompagnés

Les jours et les nuits passent
En laissant une porte ouverte
Aux prémices d'une belle histoire
Qui se veut tendre et honnête
Chacun va faire face
A ses propres sentiments
Chacun va prendre sa place
En chassant les faux semblants...

Juste une fois

Juste un regard
Pour penser que j'existe
Dans tes yeux
D'un bleu complice

Juste un sourire
En retour
Pour te remercier
De ta générosité

Juste une histoire
Entre nous
Pour s'unir
Dans un élan d'amour

Juste un baiser volé
Pour consolider
Cette flamme dans mon cœur
Qui brûle avec tant d'ardeur
Juste une fois
Rien que toi et moi
Juste cent fois
Pour se faire du bien

Juste une parole
De ta bouche
Pour m'entendre dire
Je t'aime
Juste un geste tendre
Une accolade,
Rien que toi et moi
Juste une fois...

Le fruit de l'amour

Après tant d'années à chercher
Celui qui fera battre mon cœur
Je t'ai enfin trouvé
Toi mon as de cœur
Tel un jeu de carte
J'ai joué et gagné
A présent la balle est dans ton camp
A ton tour d'avancer

Pourquoi est-ce si difficile
D'avouer à la personne qu'on aime
Pourquoi tant de temps
A pouvoir lui dire je t'aime

Le second round vient de commencer
Tu as mis tes gants
Avant de m'avouer
Que toi aussi tu avais
De beaux sentiments à mon égard
De beaux projets à faire valoir
Une histoire à deux,
C'est ce que tu veux

Et c'est parti pour un tour
La valse de l'amour
A prit dans ses filets
Un homme et une femme
Autour d'eux gravitent
Des pensées de bonheur
Autour d'eux s'agitent
Des refrains enchanteurs

Quand deux âmes s'accordent
Au son des violons
Quand deux cœurs battent
Au rythme des saisons
Nul ne peut les séparer
Ils sont à jamais liés
Pour ne faire qu'un
Et donner vie à un être humain
Le fruit de leur passion

Sans dire un mot

Sans dire un mot
Je te comprends
Un seul regard
Je te surprends
Sans faire de geste
Tu me réponds
A ta façon

Sans dire un mot
Je te devine
Les battements de cils
Et les grands cris
Les sourires en coin
Les rires aux éclats
Tout est permis

Sans dire un mot
Que reste-t-il
Tout en nuance
Et dans le geste
Chacune de tes expressions
Je les reconnais
Chacune a sa raison
Tout est parfait

Sans dire un mot
Je me libère
De tout ce vocabulaire
J'invente un nouveau langage
A ma manière
Je t'invite à le partager
Entre deux airs

Sans dire un mot
Chut.....respire le silence
Il écoute et entend
Il ne perd rien
Des signes avant-coureurs
Il permet d'oser et d'entreprendre
Un langage haut en couleur

Mon amour, mon amour

Ta peau dorée
Tes épaules musclées
Tes yeux qui brillent
Ta bouche qui m'appelle
Mon amour, mon amour

Ton esprit vif
Plein de malice
Tes valeurs sont miennes
Ta candeur naturelle
Mon amour, mon amour

Ta joie de vivre
Ton côté réservé
Ta belle sensibilité
Ta douceur, ta générosité
Mon amour, mon amour

Ton énergie vibre
Au côté de la mienne
Telle une caresse suprême
Qui va grandissante
Mon amour, mon amour

C'est comme un appel
Nos deux âmes s'interpellent
Et se reconnaissent
D'un seul regard
Sans paroles futiles
Sans discours inutiles
Un simple regard...

Je l'aime

Je l'aime
C'est un sentiment profond
Que je ressens en moi
Comme une vague d'émotion
Qui me soulève cent fois

Je l'aime
C'est une sensation forte
Située dans mon cœur
Tellement indescriptible
Que parfois j'en ai peur

L'amour, c'est quoi
Une folle parenthèse
Un bonheur absolu
Quelque chose de sincère
Le temps a disparu
Et la magie opère

Je l'aime
C'est un souffle chaud
Qui se dépose sur moi
Une bise parfumée
Qu'il me faut explorer

Je l'aime
C'est une caresse suprême
Un délice sans nom
Une demeure à ouvrir
Des désirs à assouvir

L'amour, c'est quoi
Une folle parenthèse
Un bonheur absolu
Quelque chose de sincère
Le temps a disparu
Et la magie opère

 **Pour toi**

Mon amour pour toi
Est si grand
Que parfois
J'en ai le souffle coupé
Mon désir de toi
Est si chaud
Que souvent
J'en ai froid dans le dos
Pour toi
Je fais des merveilles
Pour toi
Je me réveille
J'écoute alors ces petits bruits
Tu respires le bonheur
Tu inspires la paix
Mon envie de toi
Est si belle
Que parfois
J'en pleure en silence
Et j'entre alors dans la danse
Celle de t'aimer
A corps perdu
Mon amour pour toi
Est si fort
Que parfois
J'en tremble encore...

Une étoile est née

Je construis ma vie
Comme je la désire
Mes envies, mes lubies
Sont mon leitmotiv
Parfois je ne sais où aller
Vers quelle direction me diriger
Parfois je crois m'égarer,
Tomber de haut
Mais la vie me fait des cadeaux
Je n'ai qu'à ouvrir mon cœur
Pour accueillir toutes ces splendeurs
Ecouter mon intuition
Qui me guide
Comme un phare dans la nuit
Tendre les bras
Et toucher du doigt
Tous ces papillons
Me transformer en fée
Et de ma baguette magique
Faire apparaître
Mon plus beau trophée,
Un bébé

Rose ou bleu
L'habit sera joli
Et mes yeux seront remplis
D'une myriade de couleurs
Pour accueillir celui ou celle
Qui fera battre mon cœur
Encore plus fort

Et me donnera le plus beau rôle,
Celui d'être mère
Cheveux bruns ou cheveux noirs
Mon bébé aura les yeux de l'espoir
Peut-être ceux de son père
Ou bien ceux de sa mère

Mais plus que tout
Il sera le fruit de l'amour
Et son sourire
N'aura de cesse
De nous transporter
Vers un avenir heureux
Tout en délicatesse
Mon bébé verra le jour
Sous une nuit étoilée

Une étoile filante est passée
Et brillera dans mon cœur
Pour l'éternité

L'âme sœur

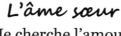

Je cherche l'amour
Le beau, le véritable
Celui qui se vit avec le cœur
Celui qui se construit en douceur
Je cherche l'amour
A travers les regards
Des gens que je croise,
Rencontre au hasard

Je cherche encore et toujours
Une lumière dans mon cœur
Je cherche l'amour
Mon autre, mon âme sœur

Je cherche l'amour
Sincère et mystique
Celui qui se vit sans parole
Ni même un protocole
Je cherche l'amour
Puissant et coloré
Qui donnera jour
A mon désir d'enfanter
Je cherche une direction
Un chemin à suivre
Je cherche un signe
Qui me donnera raison

Je cherche encore et toujours
La lumière dans mon cœur
Je cherche l'amour
Mon autre, mon âme sœur

L'appel des sens

Ton nom sonne à mon oreille
Comme une ritournelle
Je ne te connais pas
Simplement je sais que tu es là
Quelque part dans mes nuits
Tu attires mon énergie
Quelque part ici et là,
Je sais que nos chemins
Vont se croiser
Pour ne faire qu'un

Ton image me hante
Comme un appel à l'amour
J'essaye de comprendre
Pourquoi tant de détour
Pour arriver à moi
Pourquoi tant de chemin
Pour aller vers toi
La vie me joue des tours
Et quel sera le dénouement
De cette histoire, en suspend

Ton odeur me poursuit
Si puissante, nuits et jours
Le parfum si spécial
De nos retrouvailles
M'interpelle à chaque recoin
Des rues que je parcours
Mes sens sont en éveil
A l'appel de ton corps
Que même le sommeil
N'arrive pas à attiser

Tes bras m'entourent
De façon virtuelle
Je peux les sentir
Et me blottir tout contre toi
Je peux imaginer
Ma vie à tes côtés
Il suffirait d'un heureux hasard
Pour nous faire nous rencontrer
Il suffirait que nos regards
Se croisent et se figent à jamais

Il manque

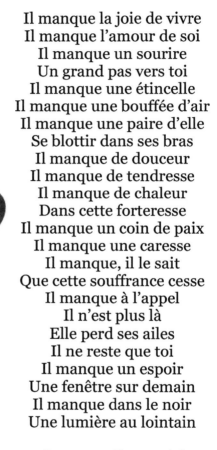

Il manque la joie de vivre
Il manque l'amour de soi
Il manque un sourire
Un grand pas vers toi
Il manque une étincelle
Il manque une bouffée d'air
Il manque une paire d'elle
Se blottir dans ses bras
Il manque de douceur
Il manque de tendresse
Il manque de chaleur
Dans cette forteresse
Il manque un coin de paix
Il manque une caresse
Il manque, il le sait
Que cette souffrance cesse
Il manque à l'appel
Il n'est plus là
Elle perd ses ailes
Il ne reste que toi
Il manque un espoir
Une fenêtre sur demain
Il manque dans le noir
Une lumière au lointain

Il manque l'essentiel
L'amour de sa maman
Il manque, c'est cruel
Ce destin s'en va et vient...

Le fil de ma vie

En équilibre sur un fil
Tel un acrobate,
Ma vie se profile
Avec beaucoup de hâte

Entre désirs et peurs
Entre chance et obstacle
Je suis debout plus que jamais
Prête à me battre

Mais je ne cesse de chercher
Un sens à ma vie
Pourquoi et comment,
Une réponse à mes envies

Qui pourra me convaincre
Que la vie n'est pas un tour
De magie, de passe-passe
Qu'il faut beaucoup d'amour
Pour trouver enfin sa place

Et voilà que se dessine
Mon destin à bras levé
J'assure mes arrières
Pour ne pas retomber

J'ose à peine regarder
Ce qui est autour de moi
J'ose à peine effleurer
L'amour du bout des doigts

Je sens comme un courant d'air
Ou peut-être une bouffée d'air
Est-ce le moment de sauter
Est-ce bien là mon arrêt

Oh et puis zut
Ça y est c'est la chute
Je retombe sur mes pieds
Et suis toute retournée
De voir qu'il y a quelqu'un
Qui m'attend sur le quai...

A vif

Quand tu entres dans la pièce
Le temps se suspend
C'est comme une caresse
Qui me prend en dedans
Ton énergie ne cesse
D'entrer en contact
Avec mon corps qui se délecte
Allez, tu passes à l'attaque

Quand tu t'approches de moi
Mon cœur presque se noie
Le souffle court
J'ai l'impression de manquer d'air
J'appelle alors au secours
J'ai la tête à l'envers
Les genoux qui tremblent
Tu envahis mon univers

Quand enfin tu m'embrasses
Que tu poses tes mains sur moi
Pas un instant ne passe
Sans que je ne pense à toi
Je me laisse aller
A cet instantané
Je frissonne de plaisir
Et affiche un sourire

Quand tu pars de la pièce
Restent les souvenirs
De nos ébats amoureux
Voire de ceux à venir
Et de nos jeux à deux
Comme une empreinte, un soupir
Ça fait tellement de bien
De pouvoir lâcher prise

Quand tu pars de la pièce
Reste le souvenir
De nos ébats à deux
Voire de ceux à venir
Et de nos jeux coquins
Comme une empreinte, un soupir
Ça fait tellement de bien
D'embrasser l'avenir...

La valse de l'amour

Pourvu que je sois à la hauteur
Que j'arrive à te parler
Quand sonnera l'heure
Pourvu que je ne bégaye pas
Que j'arrive à aligner
Deux mots voire même trois
Pourvu que je sois prête
Pour faire un arrêt sur image
De notre rencontre secrète
Pourvu que le hasard
Fasse son œuvre en silence
Et que d'un simple regard
Nous entrions dans la danse
Pourvu que je ne rougisse pas
Que ma voix soit le reflet
De tout ce que je pense tout bas
Pourvu que je ne sois pas troublée
A l'approche de ton arrivée
Surtout inspirer doucement, expirer lentement
Pourvu que je reste concentrée
Sur ce point lumineux
Que je ressens dans mon cœur
Comme un souffle, une chaleur

Pourvu que je sois attentive
A ce qu'il se passe en moi
Un tourbillon d'émotions
C'est la valse de l'amour en action...

L'alchimie

Elle toute belle
Vêtue d'une robe en dentelle
Lui tout beau
Son costume sur le dos
Ils vont s'engager et se promettre
De s'aimer et d'être honnête
Pas la peine de signer
Ce bout de papier surfait
Pas la peine de prier
Ils sont déjà en paix

Elle ne veut qu'une seule chose
Être heureuse à ses côtés
Lui en impose
Etre à l'heure pour le dîner
Ils vont passer du temps ensemble
Pour partager l'essentiel
Ils ont juste à profiter
Leur vie désormais s'entremêle
Entre joie et volupté
Leurs corps se déchaînent

Entre eux c'est l'alchimie
Nul besoin de se parler
Ils se comprennent d'un seul coup d'aile
Entre eux c'est une évidence

Nul besoin d'expliquer
Ils n'ont qu'à être ensemble
Et exister

Elle n'a rien à lui demander
Ni même à espérer
Qu'il ose se montrer
Simplement comme il est
Lui n'a rien à lui envier
Peut-être le droit de se tromper
Qu'elle ose se dévoiler
Sans peur d'être jugée
Elle et lui n'ont de cesse
D'évoluer pour mieux se rencontrer

Elle toute belle
Dans sa robe de dentelle
Lui tout beau
Son costume sur le dos

Entre eux c'est l'alchimie
Nul besoin de se parler
Ils se comprennent d'un seul coup d'aile
Entre eux c'est une évidence
Nul besoin d'expliquer
Ils n'ont qu'à être ensemble
Et exister

Plus qu'un ami

Quand je suis dans le noir
Tu es ma lumière
Quand je n'ai plus d'espoir
Tu es mon soleil
Tu éclaires ma vie par ta présence
Un seul mot de toi
Et j'entre dans la danse

Quand je suis tourmentée
Ta voix m'apaise
Quand mes pensées tourbillonnent
Ton sourire me protège
Tu es non loin de moi
Et si proche parfois
Que mon cœur s'y perd

Quand tu es triste
Je voudrais te consoler
Soulager un peu ta peine
Et pouvoir t'emmener
Loin de tout ce qui te pèse
Me blottir dans tes bras
Et regarder droit devant
Mon avenir avec toi

Quand tu es heureux
Je le suis avec toi
Quoi de plus merveilleux
Que de partager tout ça
Le temps se suspend
Quand je suis à tes côtés
Le temps est précieux
Pour celui qui sait en profiter

Oser t'avouer
Que tu es plus qu'un ami
Oser te dire
Que tu comptes dans ma vie
Je suis prête à faire
Un grand pas vers toi
Je suis prête à tenter
L'aventure avec toi

La planète AMOUR

Parce qu'aimer
Veut rencontrer
Donner et recevoir
Parce que partager
Veut s'identifier
A plus qu'un devoir
Parce que s'abandonner
Dans les bras de l'autre
C'est un peu oublier
La solitude qu'est la nôtre

Aimer encore et toujours
Jusqu'à déborder le cœur
Aimer des jours et des jours
Est-ce cela le vrai bonheur ?

Parce que vivre
Veut profiter
De chaque instant
Parce qu'offrir
Se fait sans compter
A tout moment
Parce qu'espérer
Permet de croire
En un avenir meilleur
L'espoir, maître guérisseur
L'amour gouverne le monde
L'amour sauve les plus meurtris
L'amour partout nous inonde
Mais nos yeux aveugles sont ternis

Au cœur de l'amour

L'amour me traverse
L'amour me transperce
Mon cœur se réjouit
De cette émotion
A nouveau grandie
Toutes mes cellules
Se bousculent en moi
C'est comme une chorégraphie
Qui s'inscrit pas à pas
Qu'on a peur de ne plus reconnaître
Mais qui revient cent fois !

Un savant mélange
De sucré salé
Tout ça est bien étrange
Mais je me laisse aller
A ce flot d'amour inconnu
A ce flot d'espoir impromptu
C'est mon cœur qui me guide
Et me montre le chemin
Je ferme les yeux
Et je tends la main
Vers cette douceur
Vers cette odeur
Qui me fait du bien.

L'amour m'inonde
Et tout mon corps l'appelle
L'amour me remplit
De toutes ses merveilles
Etre dans cette énergie
C'est comme un feu d'artifice
Que la passion nourrit
Et se créer l'édifice
Une nouvelle histoire,
Une nouvelle page à écrire
Dans le livre de ma vie.

Cupidon

Je veux te voir
J'veux t'embrasser
Je veux t'avoir
A mes côtés
Le temps me parait bien long
Quand tu es loin de moi
Le temps se suspend
Quand tu es là

Je veux te voir
J'veux t'embrasser
Je veux t'avoir
Toute la soirée
Plus une minute à perdre
Je veux en profiter
Partager tes secondes
Pour l'éternité

Qu'est-ce que c'est
Ce sentiment étrange
Ne plus pouvoir respirer
Limite suffoquer
Est-ce l'amour
Qui point son ange
Sa flèche dans mon cœur
C'est tendre et sucré

Je veux te voir
J'veux plus te quitter
Je veux t'avoir
Te regarder

Notre rencontre est une évidence
Un destin tracé à l'avance
On se connait si bien
Ça fait peur de se l'avouer

Je veux te voir
J'veux te parler
Je veux te dire
Les mots ne seraient suffire
Et te l'écrire
Combien je t'aime
Et qu'une partie de moi-même
Est avec toi à tout jamais

Qu'est-ce que c'est
Ce sentiment étrange
Ne plus pouvoir respirer
Limite suffoquer
Est-ce l'amour
Qui point son ange
Sa flèche dans mon cœur
C'est tendre et sucré

A propos de l'auteur

Certifiée en sophrologie holistique et en art-thérapie,
praticienne Maître reiki usui, Sandrine est née en 1977 en Alsace.

Passionnée d'écriture et de connaissance de soi, elle a à cœur de transmettre, d'éveiller, d'exprimer et de partager. A travers l'écriture, elle a trouvé le moyen de se connecter aux autres et de partager des émotions, ainsi que d'aider les gens à évoluer sur leur propre chemin de vie.

Sa bibliographie

- Recueil de textes, cheminer sur sa propre voie, Editions Le Manuscrit, 2008
- Quand l'amour se décline, Editions Edilivre, 2010
- Par-delà la vie, par-delà la mort, Editions Edilivre, 2010
- Lexique vibratoire, des mots qui font du bien, Autoédition, 2017
- Quand il n'y a plus de certitudes, alors que reste-t-il ? Tout un chemin à parcourir, (réédition) Autoédition, 2017
- Vivre son deuil autrement, Autoédition, 2017
- Cahier pratique « Mieux se connaître » co-écrit avec Claudine Duss, Autoédition, 2018
- Ce que nous enseignent les chats, Autoédition, 2018

Vous pouvez suivre son actualité sur son site internet
https://retourasoiicietmaintenant.jimdo.com/

Contact : bonas.sandrine@gmail.com

Printed in Great Britain
by Amazon